CHANSONS.

IMPRIMERIE DE FIRMIN DIDOT,

RUE JACOB, N° 24.

CHANSONS,

PAR FRANCIS.

—

DEUXIÈME ÉDITION.

PARIS,

LADVOCAT, LIBRAIRE, PALAIS-ROYAL,

GALERIE DE BOIS, N° 195.

—

MDCCCXXIV.

A MON AMI CHARLES N***.

C'est à toi, mon bon Charle, à toi que je dédie
Ces refrains qu'avec moi tu chantas le premier,
Alors qu'épicurien bien plus que chansonnier,
Inspiré par l'amour, le vin et la folie,
Sans crainte m'enivrant, m'enflammant au hasard,
Et rimaillant souvent sans étude et sans art,
Gaîment je dépensais les heures de ma vie.
Ami, chantons encor, buvons, aimons toujours,
Et tout au moins bercés par la douce paresse,
Dans ces vers sans apprêt, que notre esprit caresse
Les heureux souvenirs de nos premiers beaux jours.

CHANSONS.

LA PARESSE.

Air : La Catacoua.

Chantez le vin, chantez les belles,
Joyeux buveurs, heureux amans,
Enfans chéris des neuf pucelles,
Faites-nous des couplets charmans !
Je partagerai votre ivresse,
Et je répéterai vos chants.
 Mais que soudain,
 Le verre en main,
 Chacun en train
 Répète mon refrain :
Le bonheur est dans la paresse :
 Les gens qui ne font rien
 Font bien.

Nargue du conquérant de l'Inde,
Du perfide enfant de Cypris !
Sur la scène un auteur se guinde
Pour y remporter quelque prix ;
Mais souvent on siffla la pièce
Avant d'en entendre la fin.
    Le lendemain,
    L'ouvrage en main,
    L'auteur chagrin
Nous chante ce refrain :
Le bonheur est dans la paresse :
    Les gens qui ne font rien
      Font bien.

Pour acquérir de l'opulence,
Un avare court l'univers :
Tranquille, au sein de l'indolence,
Je ris tout bas de ses travers ;
Avant d'avoir de la richesse
De ses jours il verra la fin.
    Le lendemain,
    Le verre en main,
    Chaque cousin
Chantera mon refrain :

Le bonheur est dans la paresse :
 Les gens qui ne font rien
  Font bien.

Jeunes guerriers, cueillez la palme,
Fuyez les douceurs du repos ;
Ami du plaisir et du calme,
Aux roses j'unis les pavots.
Qu'un jour un plomb cruel vous blesse,
Vous direz en sortant des rangs :
  « Les conquérants
  « Sont des tyrans :
  « Soyons moins grands,
 « Et vivons plus contents. »
Le bonheur est dans la paresse :
 Les gens qui ne font rien
  Font bien.

Chers amis, quand le temps déroule
Le tissu des derniers beaux jours,
Lorsque sans courage l'on foule
L'heureuse couche des amours,
Que les charmes de la mollesse
Un moment nous bercent encor !

Du monde on sort
Content du sort,
Et sans remord,
Sans effort,
On s'endort.
Le bonheur est dans la paresse :
Les gens qui ne font rien
Font bien.

~~~~~~

LES CHOUX.

Air : Vaudeville du Rémouleur et la Meunière.

Ambitieux, aux jeunes filles
Plantez le joli mai d'amour ;
Plantez des cornes aux vieux drilles,
Plantez le piquet à la cour.
Épris d'une vie indolente,
Chez moi je trouve un sort plus doux,
Et je chante : Arrive qui plante ;
Il vaut bien mieux planter ses choux.

Sur la naissante Pétronille
Interrogez sa grand'maman :
« C'est sous un chou, ma chère fille,
« Qu'on t'a trouvée encore enfant. »
Un poupon survient à la belle ;
La maman veut savoir par où :
« Eh ! vous le savez bien, dit-elle ;
« Cela se trouve sous un chou. »

Un jeune lapin de garenne
S'élance un jour dans un jardin,
Dévore des choux par douzaine;
Mais crac, on occit mon lapin.
Au lieu de vous mettre en campagne,
Jeunes galans, restez chez vous;
Car vous voyez ce que l'on gagne
A courir à travers les choux.

Ce roi, l'idole de la France,
Qui gémissait du moindre impôt,
Voulait, dans sa munificence,
Que chacun eût la poule au pot.
Mais on a vu ce prince affable,
Modeste et simple dans ses goûts,
Chez un meunier se mettre à table
Pour manger une soupe aux choux.

« C'est mon chou, » disait une femme
Qui prit un vieux bouc pour mari;
Je suis l'amant de cette dame,
Et le vieux bouc est mon ami.
A tous deux je crains de déplaire;
Car de moi chacun d'eux est fou,

Et je ne puis, dans cette affaire,
Ménager la chèvre et le chou.

Panard, dont l'ame était alègre,
Savait égayer un repas,
Et de la chanson la plus maigre
Chacun ferait bien ses choux gras.
Pour moi, si mes couplets trop graves
N'ont pas le don de plaire à tous,
Qu'on en fasse des choux, des raves,
Ou bien des raves et des choux!

———

~~~~~~

LA TEMPETE.

AIR : Du pas redoublé.

Narcue d'un temps calme et serein,
  Et d'un ciel sans nuages :
Le philosophe et le marin
  Craignent peu les orages.
Comme eux, dans les plus tristes jours,
  Moi, gaîment je répète :
Rions ; car le beau temps toujours
  Vient après la tempête.

J'aime le bruit majestueux
  Les éclats du tonnerre ;
J'aime à voir ses rapides feux
  Enflammer l'atmosphère.
Sur l'orgueilleux palais des rois
  Si la foudre s'arrête,
Du pauvre elle épargne les toits :
  Je brave la tempête.

Le vaisseau de l'état souvent
Fut battu par l'orage;
Mais, graces au ciel, un bon vent
Le sauva du naufrage.
A franchir un faible détroit
Maintenant il s'apprête;
Guidé par un pilote adroit,
Il brave la tempête.

Conduisant un jour à Paphos
Une belle craintive,
L'orage souleva les flots;
Mais je voyais la rive,
Et, jetant l'ancre promptement,
Je calmai la fillette,
Puis je mouillai tranquillement
Au sein de la tempête.

Il me faudra bien faire un jour
Un plus triste voyage:
Je dois m'embarquer à mon tour
Pour le sombre rivage.
Quelque temps qu'il fasse là-bas,
J'y saurai faire tête:

Je ne craindrai plus le trépas,
   Si je crains la tempête.

Vous le savez, mes bons amis,
   Les muses sont fantasques :
Peut-être vous ai-je endormis
   En chantant des bourrasques.
Je crains d'avoir fait peu de bruit,
   Quoique le sujet prête :
Heureux si des éclairs d'esprit
   Brillent dans ma tempête !

———

MA CONFESSION.

AIR : J'aime la force dans le vin.

Bien fou, dans ce siècle pervers,
Qui cherche à corriger les hommes !
Rions plutôt de nos travers,
Et souffrons-nous comme nous sommes.
Faut-il qu'ici-bas maux et biens
Soient des semences de discorde ?
J'ai mes défauts, chacun les siens :
A tout péché miséricorde. (*bis.*)

Quelquefois on m'a reproché
D'être enclin à la gourmandise,
Et, j'en conviens, c'est un péché ;
Mais faut-il tant qu'on en médise ?
Dussé-je manger aujourd'hui
Tout le bien que le sort m'accorde,
Un fat mange celui d'autrui :
A tout péché miséricorde. (*bis.*)

2.

J'accuse encore un peu d'orgueil;
Mais, dans l'état qui m'a vu naître,
Je vois tous les biens du même œil,
Et je suis fier de ne rien être.
Certains sont fiers de ce qu'ils ont,
Eh bien! qu'ils nous montrent la corde;
D'autres sont fiers de ce qu'ils font :
A tout péché miséricorde.   *(bis.)*

L'envie agite aussi mon cœur :
Bon Panard, quand je veux te lire,
Tes vers heureux, ta bonne humeur,
M'inspirent un jaloux délire.
Si je fais des vœux indiscrèts,
De vils rimailleurs une horde
Te pille bons mots et couplets :
A tout péché miséricorde.   *(bis.)*

Comme on s'ouvre avec la clef d'or
La cour, les palais et l'office,
Amis, je le confesse encor;
Je suis porté pour l'avarice;
Mais si j'amasse un peu de bien,
Qu'un jour au Tartare j'aborde,

Mes cousins en deuil riront bien :
A tout péché miséricorde.   (*bis.*)

Lorsqu'on m'attaque, un vieux penchant,
Soudain m'excite à la colère;
N'ai-je pas droit d'être méchant
Quand un critique est trop sévère ?
Mes ouvrages sont faibles; mais
Tel qui me siffle dès l'exorde
Peut en faire de plus mauvais :
A tout péché miséricorde.   (*bis.*)

La paresse me tient souvent,
Le moindre travail m'importune;
Et si le bien vient en dormant,
J'espère un jour faire fortune.
Mais pour parvenir à mon tour,
Veut-on que mon esprit se torde ?
Je montre les riches du jour :
A tout péché miséricorde.   (*bis.*)

Faut-il de mes péchés d'amour
Qu'ici je vous donne la liste ?
Je ne pécherai pas toujours,

Et voilà tout ce qui m'attriste.
De ce systême de plaisir
Il faudra bien que je démorde ;
Ma femme un jour doit m'en punir :
A tout péché miséricorde.　　　(*bis.*)

Pour mes péchés, mes bons amis,
Si je mérite qu'on me tance,
De bien bon cœur je suis soumis
A la plus longue pénitence.
Pendant cent ans, pour être absous,
Qu'à table je pinte et je morde ;
Mais quand je tomberai dessous :
A tout péché miséricorde.　　　(*bis.*)

LE LÉTHÉ.

AIR : Vaudeville du Rémouleur et la Meunière.

Le Temps, nocher infatigable
Du triste fleuve de l'Oubli,
Un jour l'a rendu navigable,
Et sur ses eaux s'est établi.
Dans sa nacelle, quoi qu'il fasse
Pour tout surprendre dans ses rets,
Sans cesse il passe, passe, passe :
L'Amitié ne passe jamais.

Sur les graces, sur la jeunesse,
Le Temps aime à lever sa faux,
Et, victimes de son adresse,
Du fleuve elles suivent les eaux.
Bientôt dans sa barque il entasse
Ces roses brillantes d'attraits.
Ainsi la Beauté passe, passe ;
L'Amitié ne passe jamais.

Sur un gazon jonché de roses,
Qu'effeuilla la main des désirs,
Cupidon, les paupières closes,
Dormait, bercé par les plaisirs;
Le Temps le surprend, le terrasse,
Et lui dérobe tous ses traits.
Dans son bac l'Amour passe, passe;
L'Amitié ne passe jamais.

Souvent l'aveugle aventurière
Qui règle le sort des humains,
A peine a rempli sa carrière,
Que l'intrigue lui prend les mains.
Le Temps dans son bachot la place;
Mais l'intrigue se couche auprès.
La Fortune ainsi passe, passe;
L'Amitié ne passe jamais.

La Mode, fille du Caprice,
Voulant un jour passer le Temps,
Dans son frêle bateau se glisse,
Et s'abandonne à tous les vents:
En vain il la frappe, il la chasse,
Elle revient sous d'autres traits.

Ainsi la Mode passe, passe;
L'Amitié ne passe jamais.

Si toujours l'Amitié résiste
Aux coups multipliés du sort,
Notre destin n'a rien de triste :
Le Temps gaîment nous mène au port;
Et du sage en suivant la trace,
On songe aux heureux qu'on a faits.
Quand la vie ainsi passe, passe,
L'amitié ne passe jamais.

LE BON VIEUX TEMPS.

Air : Lison dormait.

Du temps présent, si misérable,
Quand on nous vante les douceurs,
Le bon vieux temps, à cette table,
Doit trouver quelques défenseurs :
Pour rire et boire, aimer et plaire,
Chanter, danser, et vivre heureux,
  Nos bons aïeux,   *(bis.)*
Quoi qu'en dise notre confrère,
  Nos bons aïeux   *(bis.)*
  Valaient bien mieux
  Que leurs neveux.

Dans tout métier, dans tout commerce,
Nous nous gardons de marcher droit :
On prend cent routes de traverse,
Ou bien chacun vous montre au doigt.

Guidés par l'honnête franchise,
Fuyant tout sentier tortueux,
   Nos bons aïeux,   (*bis.*)
Quoi que notre confrère en dise,
   Nos bons aïeux   (*bis.*)
   Marchaient bien mieux
   Que leurs neveux.

Tous les amours sont à la glace
Dans nos cercles du meilleur ton.
Pauvres galants! un rien vous lasse,
Un rien vous donne le frisson.
Courant l'amoureuse carrière,
Sans cesse avec de nouveaux feux
   Nos bons aïeux,   (*bis.*)
Quoi qu'en dise notre confrère,
   Nos bons aïeux   (*bis.*)
   Aimaient bien mieux
   Que leurs neveux.

Chaque jour c'est un nouveau livre
Pour signaler les meilleurs plats;
Chaque jour on prétend mieux vivre,
Et l'on supprime des repas.

Pour contenter leur gourmandise,
Faisant quatre galas fameux,
  Nos bons aïeux,   (*bis.*)
Quoi que notre confrère en dise,
  Nos bons aïeux   (*bis.*)
  Vivaient bien mieux
  Que leurs neveux.

Nargue du luxe qu'on affiche
Dans tous nos dîners d'apparat :
Vaisselles, cristaux, tout est riche ;
Mais ce qu'on boit est pauvre et plat.
Dans la tasse la plus grossière
Sablant des vins dix fois plus vieux,
  Nos bons aïeux,   (*bis.*)
Quoi qu'en dise notre confrère,
  Nos bons aïeux   (*bis.*)
  Buvaient bien mieux
  Que leurs neveux.

Dans tous nos cercles on fredonne
La romance et les petits airs ;
Une ronde grivoise donne
A nos belles des maux de nerfs.

La gaîté qui nous scandalise.
Animait leurs refrains joyeux.
     Nos bons aïeux,   (*bis.*)
Quoi que notre confrère en dise,
     Nos bons aïeux   (*bis.*)
     Chantaient bien mieux
     Que leurs neveux.

A la façon dont chacun danse,
Ce n'est plus un amusement;
C'est un grand art, une science,
Une affaire, et même un tourment.
Dans les bosquets, sur la fougère,
Le plaisir seul formant leurs jeux,
     Nos bons aïeux.   (*bis.*)
Quoi qu'en dise notre confrère,
     Nos bons aïeux,   (*bis.*)
     Dansaient bien mieux
     Que leurs neveux.

On compte aujourd'hui par douzaine
Les grands cœurs et les beaux esprits,
Les bonnes femmes par centaine,
Et par milliers les vrais amis.

Pour éviter toute méprise,
Les comptant toujours deux par deux,
   Nos bons aïeux,   (*bis.*)
Quoi que notre confrère en dise,
   Nos bons aïeux   (*bis.*)
   Comptaient bien mieux
   Que leurs neveux.

Notre devise est : *Courte et bonne.*
Précipitons le vol du temps ;
Cueillons les fruits avant l'automne,
Et les fleurs avant le printemps.
Prenant les plaisirs sur la terre
Suivant les temps, suivant les lieux,
   Nos bons aïeux,   (*bis.*)
Quoi qu'en dise notre confrère,
   Nos bons aïeux   (*bis.*)
   Vivaient bien mieux
   Que leurs neveux.

————

LA MORT DU TEMPS.

AIR : Aussitôt que la lumière.

CONTEMPLONS le Temps qui passe,
Et regardons après lui ;
Il ne laisse sur sa trace
Que le néant et l'oubli.
A détruire il s'évertue ;
Profitons bien des instants :
En attendant qu'il nous tue,
Mes amis, tuons le Temps.

Il frappa le grand Molière,
Et La Fontaine, et Scarron,
La gentille Deshoulière,
Vadé, Panard et Piron ;
Ce vieillard cruel moissonne
Les plus illustres talens :
Il ne ménage personne ;
Ne ménageons pas le Temps.

3.

Il faut que sa mort soit douce ;
Préservons-le de l'ennui :
Que l'Amour gaîment émousse
Toutes ses flèches sur lui ;
Que Bacchus couvre de lie
Son front ridé par les ans.
Dans les bras de la Folie
Faisons expirer le Temps.

Dans sa course meurtrière,
S'il lève sa faux sur nous,
Ne faisons point de prière
Pour échapper à ses coups.
Abandonnons-lui sa proie ;
Mais en redoublant nos chants,
Éternisons notre joie,
Et nous survivrons au Temps.

LES PAS.

AIR : J'ai vu partout dans mes voyages.

Amis, la vie est un voyage
Que l'on fait trop rapidement ;
Il faudrait, dans le cas d'orage,
S'arrêter au moins un moment.
Quand de fleurs la route est garnie,
Hélas ! pourquoi ne peut-on pas,
Lorsque cette course est finie,
Retourner encor sur ses pas ?

Sur le chemin de la fortune,
Des faveurs de Plutus comblé,
Maint parvenu nous importune
En allant le pas redoublé.
Mais emporté dans la carrière,
Son char s'y brise avec fracas,

Et près de toucher la barrière,
On le force à changer de pas.

Vieillard qui prend l'amour pour guide,
D'un faux désir sentant l'éclair,
En allant au temple de Gnide
A fait souvent des pas de clerc.
Parés des graces du bel âge,
De nos jours que l'on voit de fats
Entreprendre aussi ce voyage,
Et ne faire que des faux pas.

Chéris de Momus et des Graces,
Les gais chansonniers du Caveau
Des plaisirs ont suivi les traces,
Pourquoi prendre un chemin nouveau?
Effeuillons la rose jolie
Aux lieux témoins de leurs ébats:
Dans le sentier de la Folie
Tâchons de marcher sur leurs pas.

Lorsque mon corps, brisé par l'âge,
En chancelant se traînera,

Et que le terme du voyage
A mes yeux éteints s'offrira,
Des amours que l'aimable troupe
M'entoure à mon dernier repas,
Qu'ils m'aident à vider ma coupe,
Gaîment je sauterai le pas.

LES ON DIT.

Air : Vive le rond , etc.

On dit que tout est pour le mieux,
Que partout la vertu prospère;
On dit que le vice en tous lieux
Fatigue et ravage la terre.
On dit du mal, on dit du bien;
Je crois tout, et je ne crois rien.

On dit qu'à sa seule vertu
Paul doit ses charges d'importance;
On dit qu'il a vingt fois vendu
Et sa plume et sa conscience.
On dit du mal, on dit du bien;
Je crois tout, et je ne crois rien.

On dit qu'au sortir du couvent
Ursule était modeste et sage;
On dit qu'elle a fait un enfant

Six mois après son mariage.
On dit du mal, on dit du bien ;
Je crois tout, et je ne crois rien.

On dit que de la probité
Mondor suivit toujours la route ;
On dit que sa prospérité
Est le fruit d'une banqueroute.
On dit du mal, on dit du bien ;
Je crois tout, et je ne crois rien.

On dit que du public entier
Damon captive les suffrages ;
On dit qu'il a son teinturier,
Ses prôneurs, ses claqueurs à gages.
On dit du mal, on dit du bien ;
Je crois tout, et je ne crois rien.

On dit qu'Éraste de son sang
Soutient la noblesse éclatante ;
On dit que, dédaignant son rang,
Il veut épouser sa servante.
On dit du mal, on dit du bien ;
Je crois tout, et je ne crois rien.

On dit qu'il est pour les humains
Une heureuse et seconde vie ;
On dit que par mille lutins
Notre espèce sera rôtie.
On dit du mal, on dit du bien ;
Je crois tout, et je ne crois rien.

L'AMITIÉ.

Air :

Douce et consolante amitié,
Dont la pure et divine flamme
Ouvre les cœurs à la pitié,
Et donne de la force à l'ame !
Hélas ! j'ai de faibles accens
Pour peindre tes vertus sublimes :
Fais-moi chanter comme je sens
Les feux dont toujours tu m'animes.

L'amitié, dès que l'homme est né,
De l'enfance adoucit les larmes ;
Dans un âge plus fortuné
De l'amour elle accroît les charmes ;
Elle offre encore des attraits
Au vieillard qui chancelle et tombe :
Ses pleurs arrosent les cyprès
Dont l'ombre protége la tombe.

Du riche les festins pompeux,
Dans des lieux où l'orgueil réside,
Valent-ils tes repas joyeux
Que l'aimable gaîté préside?
Servi par d'insolens laquais,
Quand à la débauche il se livre;
Nous, dans nos modestes banquets,
La seule amitié nous enivre.

Au palais des rois l'amitié
Bien rarement montre ses charmes;
Mais malheur au trône étayé
Par la terreur et par les armes!
Tyran qui n'as pas un ami,
Crains le poignard de tes esclaves;
Ton corps, par le volcan vomi,
Roulera brûlé dans les laves.

LE BONHEUR.

Air : Un jour Lucas dans la prairie.

Mes bons amis, dans cette vie,
Où peut-on trouver le bonheur?
Est-ce au séjour de la folie?
Est-ce dans les champs de l'honneur?
Est-ce près de femme jolie?
Ou dans un splendide repas?
Trouvez-le ; je vous en défie :
   Ça n' se peut pas.   (*bis.*)

Jadis une fille jolie
Avait cru trouver le bonheur ;
Tour-à-tour amour et folie
Lui faisaient palpiter le cœur.
Mais, hélas ! la beauté s'efface,
Jeunesse s'enfuit pas à pas.

Empêcher que le bonheur passe,
    Ça n' se peut pas.   *(bis.)*

Unis par l'amour et par l'âge,
Deux amans croyaient que l'hymen
Rendait le bonheur moins volage,
Fixait le plaisir incertain.
Hélas ! bientôt du mariage
Ils connaissent les embarras....
Trouver le bonheur en ménage,
    Ça n' se peut pas.   *(bis.)*

Certain gourmet a sur sa table
Les mets les plus délicieux :
Vins, liqueurs, tout est délectable ;
Et notre friand dîne au mieux.
Oui ; mais, hélas ! l'ennui l'accable
Un instant après le repas.
Retenir le bonheur à table,
    Ça n' se peut pas.   *(bis.)*

Pour la gloire quittant Cythère,
Autrefois un jeune étourdi

Crut en se faisant militaire
Fixer le bonheur près de lui.
L'illusion ne dura guère;
De loin il crut voir le trépas....
Trouver le bonheur à la guerre,
  Ça n' se peut pas.   *(bis.)*

L'INDÉPENDANT.

AIR : Du Curé de Pompone.

Oui, je suis indépendant, moi,
Et je suis fier de l'être :
Après ma femme, après mon roi,
Je suis mon premier maître.
Au libéral, comme à l'ultrà,
Je dis ce que je pense.
J'espère que voilà,
Larira,
La bonne indépendance.

Je ne suis ni chef, ni commis ;
Sans laquais, sans servante,
Je mange avec de vrais amis
Mes mille écus de rente.
Plus d'un ministre tombera
Sans changer mon aisance.

J'espère que voilà,

  Larira,

La bonne indépendance.

Je bois sec; mais, tout en buvant,

  Je garde l'équilibre :

De femme je change souvent

  Pour être toujours libre.

Sans m'enchaîner on m'offrira

  Richesse, amour, bombance.

  J'espère que voilà,

    Larira,

  La bonne indépendance.

Ne peut-on être indépendant,

  Et des lois être esclave ?

Moi je respecte cependant

  Jusques aux rats de cave.

Je ris du budjet qui viendra;

  Car j'ai payé d'avance.

  J'espère que voilà,

    Larira,

  La bonne indépendance.

En dépit de nos capucins,
    Passant des jours prospères,
Je suis sans compter sur les saints
    Le culte de mes pères.
Le diable aura ce qu'il pourra,
    Je ris de sa puissance.
    J'espère que voilà,
      Larira,
    La bonne indépendance.

~~~~~~

LE LIT ET LA TABLE.

AIR : Dans la paix et l'innocence.

En disciples d'Épicure,
Pour employer notre temps,
Recherchons dans la nature
Ce qui peut flatter nos sens :
Tout le jour, vin délectable,
Repas ou plaisir la nuit.
Quittons le lit pour la table,
Et la table pour le lit.

Cueillons la grappe et la rose,
Chantons Bacchus et l'amour ;
Qu'à leurs jeux rien ne s'oppose,
Qu'ils nous charment tour-à-tour.
Lorsque leur ivresse aimable
Vers le bonheur nous conduit,
L'un nous jette sous la table,
Et le second sur le lit.

Sous les drapeaux de Cythère
Lorsque nous voudrons servir,
Il faut nous munir d'un verre,
Et savoir bien le remplir.
Sur le bon vin que l'on sable
Bientôt le corps s'affaiblit;
Mais souvent on gagne à table
Les forces qu'on perd au lit.

Par l'amitié pure et vive
Que nos banquets soient fêtés;
Vers le soir qu'amour nous suive,
Et se couche à nos côtés.
Crainte que l'ennui n'accable,
Un vieux précepte nous dit,
De n'être pas seul à table,
De n'être pas seul au lit.

LE JOUR ET LA NUIT

AIR : Vaudeville d'Arlequin Musard.
ou : Au soin que je prends de ma gloire.

Joyeux disciples d'Épicure,
Entre la table et les amours,
Suivant le vœu de la nature,
Dépensons nos nuits et nos jours.
Vers l'amitié tendre et fidèle,
Courons sitôt que le jour luit,
Et, dans les bras de notre belle,
Comptons les heures de la nuit.

Combien un beau jour a de charmes!
Qu'une belle nuit a d'attraits!
Le jour l'Amour est sous les armes,
La nuit il obtient des succès.
Tendons nos filets dès l'aurore,
Et pêchons dès que le jour fuit :

Le jour on se dit qu'on s'adore ;
Mais on se le prouve la nuit.

Tirésias en homme, en femme,
Employa bien la nuit, le jour :
Il sut comment chacun s'enflamme,
Et mieux que nous connut l'amour.
Or, mes bons amis, voici comme
Un tel exemple m'a séduit :
Le jour je voudrais rester homme,
Et devenir femme la nuit.

Dans la plus délirante ivresse
Quand j'ai fait de la nuit le jour,
Chacun m'accuse de paresse,
Et chacun a tort à son tour.
Ne faut-il pas faire une pause,
Soit à la table, soit au lit ?
Moi, quand le jour je me repose,
Je me suis fatigué la nuit.

O toi, qui de ma destinée
A ton gré diriges le cours,

Qui d'une trame fortunée
As tissu mes nuits et mes jours,
Si tu veux abréger ma vie,
Pour m'épargner quelques ennuis,
Prends sur mes jours, je t'en supplie,
Mais ne touche pas à mes nuits.

~~~~~~

L'AMOUR ET L'HYMEN MUSICIENS.

AIR : Comment goûter quelque repos.

L'AMOUR et l'Hymen autrefois,
Épris de l'art de Polymnie,
Eurent certain jour la manie
D'en apprendre avec soin les lois.
En vain même goût les rassemble ;
Ils font un inutile effort :
Ces dieux sont rarement d'*accord*,
Et jamais ils ne vont *ensemble*.

L'Hymen manque souvent d'aplomb ;
Il est paresseux par nature ;
Mais l'Amour presse la *mesure*,
Et quand il veut change de *ton*.
Aussi très-souvent il *transpose*
Pour multiplier ses plaisirs ;
Et s'il compte quelques *soupirs*,
L'Hymen compte plus d'une *pause*.

Il arrive aussi quelquefois
Dans cette harmonieuse lutte,
Qu'Hymen abandonnant la *flûte*,
L'Amour lui donne du *haut-bois.*
L'Hymen dérange l'*harmonie*
Avec son mauvais *instrument;*
Mais lorsqu'il perd le *mouvement*,
L'Amour achève sa *partie.*

LES AMOURS EN NOURRICE.

AIR : A voyager passant sa vie.
ou : Voulez-vous, charmante Azélie.

SAVEZ-VOUS pourquoi sur la terre
Les enfans que l'on nomme Amours
Et de goût et de caractère
Entre eux diffèrent tous les jours ?
C'est que Vénus, à son caprice,
Fit nourrir ces jolis marmots ;
Et que chacun de sa nourrice
Prit les vertus ou les défauts.

L'aîné de la jeune famille,
En véritable enfant gâté,
Fut élevé comme une fille,
Et nourri par la Volupté.
Bercé par l'heureuse Mollesse,
Et caressé par les Désirs,

Il fut sevré par la Tendresse,
Et devint le dieu des plaisirs.

Flamme éphémère et cœur de roche,
L'autre a des flèches à tout prix;
Son carquois lui sert de sacoche,
Est-ce un des enfans de Cypris?
Nourri, gâté par l'Avarice,
Il vendrait, pour un vil métal,
Sa mère, ses sœurs, sa nourrice...
Ah! voilà bien l'Amour vénal.

Un soir Vénus dans une fête
A son cou portait un poupon;
La Mode l'aperçoit, l'arrête,
Et le prend pour son nourrisson.
De goût, d'humeur et de méthode,
Comme elle il change à chaque instant.
Enfin, c'est l'amour à la mode...
Ah! c'est donc l'Amour inconstant.

Quel est cet enfant que l'on fronde
Pour son air boudeur et chagrin?
Vénus, en le mettant au monde,

5.

Eut-elle un regard de Vulcain ?
D'un vain bourlet la Jalousie
Couvrit son front tant bien que mal ;
De bosses sa tête est garnie...
Ah ! c'est donc l'Amour conjugal !

Bravant les frivoles alarmes,
Les cris et les pleurs de Cypris,
Dans un camp, au milieu des armes,
Mars déposa l'un de ses fils.
C'est ainsi qu'au sein de la gloire,
Entre le myrte et le laurier,
Sur les genoux de la Victoire,
S'est élevé l'Amour guerrier.

Mais dans les bras de la Folie,
Entouré des ris et des jeux,
Le corps tout barbouillé de lie,
Quel est cet enfant si joyeux ?
Au plaisir seul il s'abandonne,
Le chagrin sur lui ne peut rien ;
Il a pour nourrice une tonne...
Ah ! c'est l'Amour épicurien.

LES ROIS.

Air : Dans la paix et l'innocence.

Par moi, je le sens d'avance,
Les rois seront mal traités;
Car la moindre négligence
Insulte à leurs majestés.
Bon Panard, toi seul es l'homme
Dont l'esprit de bon aloi
Nous eût, en vrai gastronome,
Offert un morceau de roi.   (*bis.*)

Accourez, vous que dévore
Le besoin de dominer;
L'heureux jour qui vient d'éclore
Pourra tous vous couronner.
Enfin, vos sublimes rêves
S'accompliront une fois;

Car un seul boisseau de fèves
Va peupler Paris de rois. (*bis.*)

La grandeur enivre et gâte
Le cœur de maints potentats;
Les nôtres, de bonne pâte,
Sont chéris dans leurs états;
Et simples en leur langage,
Tous ces monarques bourgeois
Conviennent que sans *Lesage*
Ils n'auraient pas été rois. (*bis.*)

Au plaisir toujours fidèles,
Ils ont pour trône un tonneau,
Des pâtés pour citadelles,
Pour arsenal un caveau.
Ces princes, au bruit des verres
Faisant leurs plus beaux exploits,
Sont dans leurs petites guerres
Gais comme de petits rois. (*bis.*)

Jour célèbré d'âge en âge,
Qu'on voit trop tôt s'écouler,

Les Français, par leur courage,
Ont su te renouveler.
Gais convives de la gloire,
Nos guerriers ont mille fois
Au banquet de la victoire
Mangé le gâteau des rois.   (*bis.*)

C'EST TOUT.

Air : Tarare pompon.
ou : Déja (de M. Dalvimare).

Joyeux épicurien,
Ami franc, femme aimable,
Bon lit et bonne table,
A Paris ce n'est rien.
Grand repas d'étiquette,
Faquin sans mœurs, sans goût,
Sotte et franche coquette,
  C'est tout.

Vivre en homme de bien,
Et par son industrie
Enrichir sa patrie,
Au Perron, ce n'est rien.
Arabe de nature,
Être toujours debout,

Pour s'engraisser d'usure,
      C'est tout.

Son talent pour soutien,
De loin, dans la carrière,
Suivre Regnard, Molière,
Aux Français ce n'est rien ;
Au foyer, dans la salle,
De l'un à l'autre bout
Soudoyer la cabale,
      C'est tout.

Le bon droit pour le sien,
Que soi-même l'on ose
Plaider sa propre cause,
Au Palais, ce n'est rien.
Des exploits de justice
Payer vingt fois le coût,
De l'or à son service,
      C'est tout.

Vieillir en bon chrétien
Dans la foi de ses pères,

En politique, en guerres,
De nos jours, ce n'est rien;
Être comme un Protée,
Suivant les lieux, le goût,
Musulman, juif, athée...
　　　C'est tout.

Être bon citoyen,
Aimer plus que la vie
Son prince et sa patrie,
A la cour, ce n'est rien;
Ne vivre que d'intrigue,
Ramper, vanter partout
Ou le prince, ou la ligue,
　　　C'est tout.

———————

~~~~~~

LES OISEAUX.

AIR :

Ma volière fait envie
A nombre de damoiseaux ;
Pour bien jouir de la vie,
Ils imitent mes oiseaux.
Comme eux, ils sont toujours
　　　Infidèles
　　　A leurs belles,
Tendres dans leurs discours,
Inconstans dans leurs amours.

Chacun, selon son envie,
Choisit un de mes oiseaux :
L'amant à sa jeune amie
Offre mes deux tourtereaux ;
Pour nourrir son caquet
La bavarde prend ma pie,
　L'auteur fade et coquet
M'enlève mon perroquet.

6

Plus d'une vieille coquette
Veut mes oiseaux de Cypris ;
D'un sansonnet maint poète
Vient m'offrir un très-bon prix ;
Linotte à bien des fous
Plaît par sa mauvaise tête ;
  Tous les maris jaloux
Se disputent mes coucous.

Les vrais amis de la joie
Me demandent mon pinson ;
J'offre mes oiseaux de proie
Aux fournisseurs en renom ;
  Refusant aux bouffons
    Ma fidèle
    Philomèle,
Ils ont pris sans façons
A la place mes chapons.

———————

LE MIEUX EST L'ENNEMI DU BIEN.

Air : *Je loge au quatrième étage.*
ou : *Aux soins que je prends de ma gloire.*

Chacun dans sa modeste sphère
A ses plaisirs et ses ennuis;
Je ne vois rien de mieux à faire
Que de rester comme je suis.
Qui veut s'élever perd sa place;
Qui veut s'enrichir perd son bien;
Portons chacun notre besace :
Le mieux est l'ennemi du bien.

J'avais une petite aisance,
Je savais borner mes désirs;
Mais tout-à-coup de l'opulence
Je veux savourer les plaisirs.
Le jeu, les tontines, la banque,
Semblent m'en offrir le moyen;

Je risque tout, et tout me manque :
Le mieux est l'ennemi du bien.

Voisin, parent, ami, maîtresse,
Jusqu'à ma servante Babet,
Tout me quitta dans ma détresse,
Tout, hormis un pauvre barbet.
J'avais cru trouver dans le monde
Un meilleur ami que mon chien;
Chacun me trahit à la ronde :
Le mieux est l'ennemi du bien.

Fillette plus tendre que sage
Charmait et mon cœur et mes yeux;
Mais je crus que le mariage
Me rendrait encor plus heureux :
Avec femme vive et jolie
Je formai le plus doux lien,
Et dieu sait comme je m'ennuie !
Le mieux est l'ennemi du bien.

Quoique d'une faible structure,
Faisant bien mes quatre repas,

Je reprochais à la nature
De ne m'avoir pas fait plus gras ;
Pour m'arrondir comme tant d'autres,
J'appelai certain Galien,
Qui manqua m'envoyer aux *peautres :*
Le mieux est l'ennemi du bien.

Le gousset plein, la panse ronde,
Je me forge encor des soucis :
Je veux partir pour l'autre monde,
J'espère aller en paradis ;
Mais, près de finir ma carrière,
Comme je suis nn franc vaurien,
De Satan je vois la chaudière...
Le mieux est l'ennemi du oien.

———————

L'OCCASION FAIT LE LARRON.

AIR : Tenez, moi je suis un bon homme.

LE brigandage est à la mode;
Il faut voler, il faut piller :
C'est le moyen le plus commode
De s'enrichir et de briller.
Au spectacle, ainsi qu'à l'église,
Au palais, ainsi qu'au perron,
On a pris partout pour devise :
L'occasion fait le larron.

Au Pinde, pour prendre racine,
Plus d'un poëte, fin renard,
A pillé Corneille et Racine,
A pillé Molière et Regnard.
Dans mes chansons si l'on m'accuse
De piller Panard ou Piron,

Que mon refrain soit mon excuse :
L'occasion fait le larron.

Partout on trompe, on dévalise ;
On volerait je ne sais où.
Que voit-on parfois à l'église ?
Jeune coquette et vieux filou.
Tandis que le pasteur démontre
Sa morale dans un sermon,
L'un prend un cœur, l'autre une montre :
L'occasion fait le larron.

Au palais vous savez qu'on gruge
Les veuves et les orphelins ;
Et cependant c'est là qu'on juge
Les maladroits et les coquins.
Pendant qu'on se bat, qu'on se roule,
Pour voir condamner un fripon,
Trente se glissent dans la foule :
L'occasion fait le larron.

La loterie et les tontines,
Les maisons de prêt et de jeux,

Sont des écoles de rapines,
Et le tombeau des malheureux.
Un novice veut tout connaître ;
Il y reçoit mainte leçon,
Et bientôt il est passé maître :
L'occasion fait le larron.

Butin d'amour seul m'intéresse :
Vive ce genre de larcin !
D'un ami je prends la maîtresse,
Ou la femme de mon voisin.
En vain je voudrais être sage
Auprès d'un aimable tendron ;
Le voisin dort, l'ami voyage :
L'occasion fait le larron.

Oui, j'approuve le vieil adage,
Les batailles font les héros,
L'expérience fait le sage,
Et les richesses font les sots.
Les louanges font la coquette,
Le Champagne fait le luron,
La nature fait le poète,
L'occasion fait le larron.

Mais des voleurs le plus avide,
Le plus barbare, c'est le Temps.
Souvent dans sa course rapide
Il moissonne nos plus beaux ans;
Demain il nous prendra peut-être :
Vidons jusqu'au dernier flacon,
Méfions-nous de ce vieux traître ;
L'occasion fait le larron.

LE PRÉ VAUT-IL LA FAUCHURE ?

Air : Vaudeville d'Angelique et Melcourt.

C'est bien de cultiver son champ,
Car chacun doit se rendre utile ;
Mais avant tout il faut pourtant
Faire choix d'un terrain fertile.
Pour avoir de riches moissons,
Sachons consulter la nature,
Et demandons-nous sans façon,
Le pré vaut-il la fauchure ?

Vous qui dans le sacré vallon
Venez pour récolter encore,
Songez que les fils d'Apollon
Moissonnaient avant votre aurore.
Maintenant du clos des neuf sœurs
Les chardons seuls font la parure :

Qu'en pensez-vous, jeunes auteurs?
Le pré vaut-il la fauchure?

Vous qui dans les champs de l'hymen
Croyez voir une terre neuve;
Qui la prenez sans examen,
Et la cultivez sans épreuve,
Vous récoltez; mais avant vous
Un autre avait fait la culture.
Qu'en pensez-vous, jeunes époux?
Le pré vaut-il la fauchure?

Anglais qui sous vos étendards
Voulez enchaîner la victoire,
Et qui croyez au champ de Mars
Faire une ample moisson de gloire,
Le plus modeste des lauriers
Vous coûte plus d'une blessure...
Qu'en pensez-vous, braves guerriers?
Le pré vaut-il la fauchure?

Et vous que dans les champs d'amour
Le charme du plaisir entraîne;

Vous qui croyez, la nuit, le jour,
Moissonner des roses sans peine;
Souvent à ces buissons charmans
On se fait mainte égratignure :
Qu'en pensez-vous, jeunes amans ?
Le pré vaut-il la fauchure ?

De son mieux chacun ici-bas
Cultive le champ de la vie;
Mais sur ce sol ingrat, hélas!
Notre attente n'est pas remplie :
On y trouve bien des soucis;
C'est la récolte la plus sûre.
Qu'en pensez-vous, mes bons amis ?
Le pré vaut-il la fauchure ?

QUI DORT DINE.

AIR : Rendez-moi mon écuelle de bois.

D'ÉPICURE disciples chéris,
   Vous qui narguez la gloire,
Et qui tous pour devise avez pris :
   Bien manger et bien boire;
Par maint refrain bachique et gourmand
Proclamez cette heureuse doctrine.
Moi, dont le sommeil est l'élément,
   Je chante : *qui dort dîne.*

Épiménide dormit cent ans
   Dans une paix profonde,
Puis, gros et gras au bout de ce temps,
   Reparut dans le monde.
Mes amis un exemple aussi fort
A bien assez de poids, j'imagine,
Pour vous prouver que je n'ai pas tort
   Quand je dis : *qui dort dîne.*

7

Soutirac, à jeun, entre un matin,
  Chez un apothicaire.
« Monsieur, lui dit-il, jé meurs de faim,
  Et jé né dors plus guère :
Daignez mé prêter, pour assouvir
Lé bésoin cruel, qui mé lutine,
Dé quoi dîner ou dé quoi dormir,
  Puisqu'enfin qui dort dîne. »

Hier Damon vint me lire à midi,
  Des vers qui m'assommèrent;
Il n'avait pas encore fini,
  Quand six heures sonnèrent.
« Ah! me dit-il, je touche à la fin;
Souffrez, de grâce, que je termine;
Si cependant vous aviez trop faim?... »
  —Non, mon cher, qui dort dîne.

Pénétré de ce mot plein d'appas,
  Libitine infernale,
Pour moi tu peux quand tu le voudras
  Sonner l'heure fatale;
Je ferai mes adieux aux amours,
Mais jamais, jamais à la cuisine;

Et prêt à m'endormir pour toujours,
　Je crierai : *qui dort dîne !*

Déja la nuit sur notre festin,
　A répandu ses voiles :
Mais c'est peu d'avoir vu, verre en main,
　Se lever les étoiles ;
A Comus, amis, livrons encor
Les instans qu'à Morphée on destine.
On peut bien dire : qui dîne dort,
　Puisqu'on dit : *qui dort dîne.*

AUTANT EN EMPORTE LE VENT.

AIR : Tenez, moi je suis un bon homme.

On blâme notre humeur grivoise :
Midas prétend y mettre un frein ;
Mais le plus sombre s'apprivoise,
Et répète un joyeux refrain :
Ne craignons pas que l'on recueille
Les sottises qu'il dit souvent ;
Puisqu'un journal n'est qu'une feuille, } *bis.*
Autant en emporte le vent.

Nargue des Filles de mémoire !
Leur encens est un bien fatal,
Leurs louanges un vain grimoire,
Et leur temple un vaste hôpital.
Une frivole renommée
Occupe-t-elle un bon vivant ?
La gloire n'est qu'une fumée ;
Autant en emporte le vent.

Jadis modestie et noblesse,
Au bal précédaient le plaisir;
Mais la mode aujourd'hui les blesse,
Le désordre suit le désir.
Contre les lois de la décence
Nos nombreux zéphirs s'élevant,
De la pudeur, de l'innocence....
Autant en emporte le vent.

Gertrude au déclin de son âge
Cache, par des moyens divers,
Les sillons que sur son visage
Trace la bise des hivers;
De blanc, de rouge, à fortes doses,
Elle les plâtre en se levant;
Mais de ses lis, mais de ses roses
Autant en emporte le vent.

A prix d'or, à force d'intrigue
Damis à la cour est placé;
Par son crédit et par sa brigue
Bientôt chacun est éclipsé;
Mais le souffle impur de l'envie
Détruit les honneurs qu'on lui vend:

7.

Ainsi des grandeurs de la vie
Autant en emporte le vent.

Amis, tous les mois chez Balaine
Mangeons à perdre l'appétit;
Rions, chantons à perdre haleine
Et buvons à perdre l'esprit;
Fêtons tous le dieu de Cythère,
Perdons la vie en le servant:
Des autres plaisirs sur la terre
Autant en emporte le vent.

L'APPÉTIT VIENT EN-MANGEANT.

Air : Eh! ma mère, est-c'que j' sais çà.

Mes amis, la bonne chère
Est l'ame de tout plaisir ;
Moquons-nous du sage austère
Qui vit sans aucun désir.
Si la froide indifférence
Nous saisissait un instant,
N'en faisons que mieux bombance ;
L'appétit vient en mangeant.   *(bis.)*

Quelquefois les plus avares
Sont prodigues à leur tour :
Telles gens ne sont pas rares
Qui mangent tout en un jour ;
Mais lorsque ces bons apôtres
Ont mangé leur bien gaîment,

Ils mangent celui des autres :
L'appétit vient en mangeant.   (*bis.*)

Maint commis, de sobre race,
Ane dans tous les métiers,
Trouve un jour place sur place,
Et mange à cinq rateliers.
A toute charge il aspire;
Nul fardeau n'est trop pesant,
Plus il a, plus il désire....
L'appétit vient en mangeant.   (*bis.*)

Certain gascon parasite
Me dit, en dînant chez moi :
« Dé manger long-temps et vîte,
Jé mé suis fait une loi;
Quatre fois par jour jé dîne :
Jé soupe encore, et pourtant
Jé rédoute la famine : »
L'appétit vient en mangeant.

Chez un traiteur fille sage
Se laisse un jour entraîner :
Bientôt son humeur sauvage

S'enfuit avec le dîner :

Cette prude acariâtre,

Qui ne voulait pas d'amant,

En prend un, deux, trois et quatre,

L'appétit vient en mangeant.

CHERCHEZ ET VOUS TROUVEREZ.

Air : Dans la paix et l'innocence.

Hier ne sachant que faire,
Et que chanter aujourd'hui,
Je vois un ancien confrère,
Vîte je m'adresse à lui.
Il me dit : « Courez la ville,
Chantez ce que vous verrez,
Un vieux refrain d'évangile
Dit : Cherchez, vous trouverez. »

Voulez-vous chanter des belles
La sagesse et la pudeur,
Et trouver d'heureux modèles
De constance et de candeur ?
Aisément de mille sortes
Vous vous en procurerez ;

Frappez à toutes les portes,
Cherchez et vous trouverez.

Voulez-vous chanter l'audace
D'un financier éhonté?
La cupidité vorace
D'un Cartouche patenté?
Rendez-vous vîte à la source
Des biens dont ils sont parés;
Courez aux jeux, à la bourse,
Cherchez et vous trouverez.

Voulez-vous d'un faux courage
Chanter les exploits nombreux?
La jactance et l'étalage
De nos spadassins poudreux?
Courez, pour voir leur vergogne,
Chez les traiteurs attitrés
De Vincennes et de Boulogne:
Cherchez et vous trouverez.

Voulez-vous d'un bon convive
Chanter les joyeux excès,
D'une amitié pure et vive

Admirer les doux effets,
Voir des lurons par douzaine
D'un vrai plaisir enivrés ?
Venez, venez chez Balaine,
Cherchez et vous trouverez.

VENTRE AFFAMÉ N'A PAS D'OREILLE.

Air : Fille à qui l'on dit un secret.

A panse vide cerveau creux ;
A ventre plein esprit fertile ;
Franche verve, appétit heureux ;
Voilà l'agréable et l'utile.
Avant de chanter caressons
Chaque plat et chaque bouteille ;
Nous jugerons mieux nos chansons : } *bis.*
Ventre affamé n'a pas d'oreille.

Vous le savez, joyeux gourmands,
On fait maigre chère au Parnasse ;
Aussi des muses les amans
Ont tous un appétit vorace.
Pour un drame qui tombera
Plus d'un auteur s'épuise et veille :
Mais en vain on le sifflera ;
Ventre affamé n'a point d'oreille.

8

Ivre d'honneurs, gorgé de biens,
Mondor n'en est que plus avide.
Dans l'indigence il voit les siens;
Son coffre est plein, son ame est vide :
N'espérez pas que dans son cœur
La tendre pitié se réveille :
Il doit être sourd au malheur;
Ventre affamé n'a point d'oreille.

L'infortune aussi quelquefois
De nos sens nous ôte l'usage;
Le malheureux fuit dans les bois;
Il devient stupide et sauvage;
Pressé par la faim, ce fuyard
Que l'on tourmente et qu'on surveille,
Est vraiment sourd, mon cher Sicard :
Ventre affamé n'a point d'oreille.

Maris jaloux, vieux prétendu
Qu'un joli minois affriande;
Craignez que du fruit défendu
Votre femme ne soit gourmande :
On s'empresse de le cueillir
Pendant que le mari sommeille...

Vous aurez beau crier, gémir,
Ventre affamé n'a point d'oreille.

Que n'ai-je un appétit glouton!
C'est un brevet de longue vie;
Je braverais le Phlégéton
Entre Comus et la Folie;
La nuit, le jour, on me verrait
Faire bombance sous la treille...
Caron en vain m'appellerait;
Ventre affamé n'a point d'oreille.

A TOUT PÉCHÉ MISÉRICORDE.

Air de Marcellin : C'est toujours la même chose.

Laïs vend baisers et souris,
Elle éteint les feux qu'elle allume;
Bientôt ses charmes sont flétris,
Le désir encore la consume.
Il lui faut à des freluquets
Payer les faveurs qu'elle accorde,
Et soutenir un grand laquais :
A tout péché miséricorde.

Purgon, ministre de la mort
Et digne rival de la Parque,
Dirige les arrêts du sort,
Et sur l'Achéron nous embarque.
Sur le noir rivage bientôt
A son tour lui-même il aborde;
Que ne s'y rendait-il plus tôt!...
A tout péché miséricorde.

Ce parvenu qu'on voit briller,
Et qu'avec mépris on contemple;
De son bien pour le dépouiller,
On l'enverra coucher au Temple.
Si par son brigandage il a
Quelquefois mérité la corde...
On lui vole ce qu'il vola.
A tout péché miséricorde.

ÇA N' VAUT PAS LE DIABLE.

AIR : Moi, je pense comme Grégoire.

Au paradis, mes amis,
L'homme doit pour être admis,
Traîner une vie austère,
Loin des plaisirs de la terre,
Vivre enfin en bon chrétien ;
C'est bien, très-bien ;
Mais pour jouir d'un tel bien,
S'il faut fuir l'amour et la table,
Ça n' vaut pas l' diable.　　(*bis.*)

Le plus ennuyé des dieux
Comme le plus ennuyeux,
C'est l'Hymen, dieu qu'on révère ;
L'Amour, dit-on, au contraire,
C'est un vrai diable, un vaurien ;
C'est bien, très-bien ;

Mais pour former un lien,
Nargue du dieu si respectable!
Ça n' vaut pas l' diable.

Tant qu'on prévient leurs désirs,
Tant qu'on accroît leurs plaisirs,
Tant qu'on chante leurs louanges,
Oui, les femmes sont des anges;
C'est votre avis et le mien; ·
C'est bien, très-bien;
Mais quand on ne lui dit rien,
Peste soit de la plus aimable!
Ça n' vaut pas l' diable.

Quand il a le diable au corps,
Un auteur fait sans efforts
Des ouvrages qu'on admire,
Il fait pleurer, il fait rire,
Cela ne lui coûte rien;
C'est bien, très-bien;
Mais quand il a pour soutien
Des claqueurs la clique effroyable,
Ça n' vaut pas l' diable.

Vivent les esprits lutins
Qui sont dans tous les bons vins!
Que l'Hippocrène régale
De sa liqueur fade et pâle,
Un académicien,
   C'est bien, très-bien;
Mais fi! pour l'épicurien,
De l'eau divine de la fable!
   Ça n' vaut pas l' diable.

~~~~~~

L'EAU M'EN VIENT A LA BOUCHE.

Air : Mon père était pot.

Ce matin cherchant un sùjet
  Qui pût faire sourire,
Je m'arrête chez Corcelet * :
  Soudain Comus m'inspire;
      Ses trésors épars
      Frappent mes regards,
  Et leur aspect me touche;
      Plus gai, plus content,
      Je sors en chantant:
  « L'eau m'en vient à la bouche. »

Pour m'inspirer de gais refrains,
  Voulant meubler ma cave,

* Magasin de comestibles à l'enseigne du Gourmand,
au Palais-Royal.

Je vais sur le port, car je crains
Le jus de betterave;
Là, tout comme ailleurs,
Tous vins sont menteurs;
Je choisis le moins louche,
Au moins je le crois;
Mais quand je le bois
L'eau m'en vient à la bouche.

Succombant aux traits de l'amour,
Quelquefois un vieux drille,
Toussant, haletant, fait sa cour,
Et dit à jeune fille :
Ce rhume n'est rien :
Mon asthme va bien;
Si lorsque je me couche
Je crache souvent,
C'est qu'en vous voyant,
L'eau m'en vient à la bouche.

« Des amans voyant les plaisirs
Avec indifférence,
A quinze ans j'étais sans désirs,
Disait la jeune Hortense.

Lycas un beau jour
Me parla d'amour :
Je fus d'abord farouche ;
Pour m'apprivoiser
Il prit un baiser ;
L'eau m'en vient à la bouche. »

A plein verre jadis Panard
Puisait dans l'Hippocrène ;
Mais des sots jaloux de son art,
Ont comblé la fontaine :
Tâchons que par mois,
Au moins une fois,
La source se débouche,
Pour que, sans souci,
Chacun dise ici :
L'eau m'en vient à la bouche.

ÇA VIENDRA QUAND ÇA POURRA.

AIR : Sans mentir (des Landes).

Que nuit et jour on s'escrime
  Pour trouver une chanson;
Que l'un coure après la rime;
  Et l'autre après la raison;
Pourquoi tant se mettre en peine
  De ce que l'on chantera?
Moi sans couplets chez Balaine
  J'arrive et dis : me voilà,

   Ça viendra   *(ter.)*
   Quand ça pourra.

D'une amitié véritable
  Croyant goûter les douceurs,
Matin et soir à sa table
  On s'entoure de flatteurs.
Dans ma modeste retraite

Où rien ne l'éblouira,
Si quelqu'un un jour s'arrête,
Son cœur seul l'y conduira.
    Ça viendra   (*ter.*)
    Quand ça pourra.

Qu'un autre que moi s'enflamme
  Et croie, en suivant son cœur,
Que le choix seul d'une femme
  Peut assurer le bonheur.
Qu'elle soit ou brune ou blonde,
  La beauté qui me prendra...
Comme chacun dans ce monde
  Se plaint de celle qu'il a,
    Ça viendra   (*ter.*)
    Quand ça pourra.

Bravez les vents et Neptune,
  Pauvres d'argent et d'esprit;
Courez après la Fortune,
  Moi je l'attends dans mon lit.
Oui, tant que dans l'opulence
  Plus d'un faquin nagera,
Heureux dans son indolence

Le sage répétera :

>> Ça viendra   (*ter.*)
>> Quand ça pourra.

Un vieux reître à barbe grise
  S'amourache d'un tendron ;
Il s'exténue, il s'épuise,
  Et toujours il fait faux bond.
Dans son amoureuse rage,
  En vain il s'évertûra ;
Tandis qu'il se met en nage,
  Sa belle lui dit : va, va ;

>> Ça viendra   (*ter.*)
>> Quand ça pourra.

Qu'à d'autres la Renommée
Inspire de vains desirs,
  Mon âme n'est enflammée
  Que par l'attrait des plaisirs.
Quand on sait chanter et boire,
  Aimer, rire, *et cætera*,
Pourquoi chercher une gloire
  Que chacun jalousera ?

>> Ça viendra   (*ter.*)
>> Quand ça pourra.

Un jour dans un meilleur monde
  On dit que les bons enfants
S'embrasseront à la ronde,
  Et se riront des méchants.
  Que notre seconde vie
  Soit tout ce que l'on voudra;
  Ce bien qui fait tant d'envie,
  Jamais ne me séduira.
        Ça viendra   (*ter.*)
        Quand ça pourra.

QUE CHACUN EN FASSE AUTANT.

Air : Du vaudeville du Mameluck.

Qu'on me blâme ou qu'on me fronde,
Mon sort est digne d'un roi;
Il n'est de bonheur au monde
Que pour les gens tels que moi :
Oui, ma vie est exemplaire;
Pour être toujours content,
Je la passe à ne rien faire,   (*bis.*)
Que chacun en fasse autant.

Je chante, je ris, je danse,
Je bois, je mange, ou je dors;
Mon lit, ma table et ma panse,
Sont mes uniques trésors :
Je verrai finir ma vie,
Sans avoir un sou comptant;
Pour ne pas craindre l'envie,   (*bis.*)
Que chacun en fasse autant.

Je ne fais pas antichambre
Chez les critiques du jour,
Chez les sots parfumés d'ambre,
Ni chez les grands de la cour;
Pour rendre le fat moins leste,
Le censeur moins important,
Le parvenu plus modeste,   *(bis.)*
Que chacun en fasse autant.

On dit que l'humeur légère
De nos tendrons de Paris
Guérit du désir de plaire,
Et fait damner les maris.
Pour savoir s'il est des dames
Dignes d'un amour constant,
J'en conte à toutes les femmes ; *(bis.)*
Que chacun en fasse autant.

Trente créanciers barbares
M'assiégent matin et soir ;
Sur quatre oncles très-avares
Je fonde tout mon espoir :
Voyant ma douleur profonde,
L'autre jour le mieux portant

9.

S'embarqua pour l'autre monde;   (*bis.*)
Que chacun en fasse autant.

Les procès et les batailles
Sont la perte des états ;
Amis, ce n'est qu'aux futailles
Qu'il faut livrer des combats ;
Je ne bats qu'à coups de verre,
Je ne plaide qu'en chantant ;
Pour le bonheur de la terre,   (*bis.*)
Que chacun en fasse autant.

V'LA C'QUE C'EST QUE D'NOUS.

AIR : Voulez-vous savoir l'histoire.

Dans l' pauvre siècle où c'que j'sommes,
 Mes amis dit' moi,
C'que c'est qu'les femm' et les hommes,
 Mais soyons d' bonn'foi?
Des fripons, des gens honnêtes,
 Des sag' et des fous,
Des gens d'esprit et des bêtes,
 V'là c'que c'est que d'nous.

En quittant l'sein de not' mère,
 On nous met dans l' bec
L' rudiment et la grammaire,
 Forc' latin et grec;
Un vieux pédant nous corrige
 Et bris' nos joujous,
Nous tourmente et nous fustige,
 V'là c'que c'est que d'nous.

On grandit, puis v'là qu'dans l'âme
    C'est un aut' tintouin;
On s' sent tout drôle, on s'enflamme,
    L'amour est un b'soin;
Le garçon et la fillette
    Sont tout sens d'sus d'sous,
On s'prend, on s'quitte, on se r'grette,
    V'là c'que c'est que d'nous.

Las de tout ce r'mu'ménage,
    On veut un bien sûr;
L'garçon cherche un' fille sage,
    La fille un homm' sûr;
Chacun trouve son affaire,
    On devient époux,
Au bout d' queuq' mois on est père,
    V'là c'que c'est que d'nous.

Quel bonheur d'être en famille!
    Grâce à nos amis,
Tous les neuf mois c'est un' fille,
    Ou ben c'est un fils;
Pour eux on économise,
    On met sous sur sous;

Un banquier vous dévalise....
V'là c'que c'est que d'nous.

Pauvre, on croit que le mérite
    Se fait distinguer ;
Et qu'la fortune revient vîte,
    Et sans intriguer ;
Les ceux qui n'font point d' grimaces,
    Jeûnont dans leurs trous ;
Les faquins gob'toutes les places,
    V'là c'que c'est que d'nous.

Quand vient c't'âge qu'on redoute,
    C'est un aut' chagrin ;
La peur du diable et la goutte,
    Les prêtr' et l' méd'cin ;
Pour vot' bien chacun réclame,
    Un' place près d'vous ;
L'un s'charg' du corps, l'autre d'l'âme...
    V'là c'que c'est que d'nous.

AUX FONDATEURS

DE L'ANCIEN CAVEAU.

Air : Du curé de Pompone.

Joyeux fondateurs du Caveau,
    Si vous chantez encore,
Mandez-moi le refrain nouveau
    Que le Styx voit éclore;
Les hôtes et le logement,
    Parlez, que vous en semble?
    Et dites-moi franchemen·
        Comment
    Les morts vivent ensemble.

Dites, messieurs les beaux esprits
    Sont-ils toujours en guerre?
Au Tartare a-t-on des amis
    Meilleurs que sur la terre?
Est-il de plus heureux époux,

Des femmes plus fidèles?
En un mot, chez vous
Plus que chez nous,
Trouve-t-on des cruelles?

L'onde noire vaut-elle, amis,
Le vin blanc de Landelle?
Caressez-vous comme à Paris,
Muse, bouteille et belle?
Oui, vous aurez changé, je crois,
Les enfers en guinguette;
Graces à vos couplets grivois,
Je vois
Les diables en goguettes.

Ma foi, c'est le cas, ou jamais,
De chanter et de rire.
Préparez de joyeux couplets,
Partagez mon délire.
Lorsque Lebrun vers l'Achéron
Vole embrasser Pindare,
A l'instant Laujon,
En luron,
Sur son fauteuil se carre.

Le temps menaçait de raser
    L'illustre académie,
On prit Laujon pour amuser
    Chaque parque ennemie.
Jeune encore à quatre-vingts ans,
    Il rit, chante et s'enivre.
      Doyen des gourmands,
        Aux plus savants
    Il peut apprendre à vivre.

Piron sans doute approuvera
    Le choix qu'on vient de faire ;
A nos quarante il cessera
    De déclarer la guerre.
Aux sombres bords on chantera
    Cette nouvelle heureuse ;
    Mais là-bas portera
      Qui voudra
    Cette épître joyeuse.

RÉVEILLONS.

Air : Du vaudeville de madame Scarron.

Réveillons (*bis.*) les chastes pucelles,
    Silène et Comus,
Et tous les enfans de Momus ;
Réveillons (*bis.*) l'amour et les belles,
    C'est assez dormir,
Minuit est l'heure du plaisir.

Banquets de la gourmandise
Établis par nos aïeux,
On rend hommage à l'église,
Tout en sablant du vin vieux.
Vive un repas délectable
Pour mettre tout en bon train.
    Tel se réveille à table
    Qui dormait au lutrin.
Réveillons, etc.

Qui fonda ce saint usage,
Si cher à tous les dévots?
Est-ce un prophète? est-ce un sage?
Est-ce un pape? est-ce un héros?
Mon cher, tu bats la campagne;
Moi je sais qui le créa;
  C'est le roi de Cocagne,
  Ou c'est Gargantua.
Réveillons (*bis.*), etc.

Mais qu'importe à notre gloire
D'en connaître ici l'auteur?
Sachons manger, sachons boire,
Nous vaudrons le fondateur.
Gais refrains, vive saillie....
Trinquons, chantons et trinquons;
  Réveillons la folie
  Au bruit de nos flacons!
Réveillons, etc.

Voyons-nous à l'audience,
La chicane et les suppôts
Être forcés au silence
Et condamnés au repos:

Craignons que nos jeux n'éveillent
Juges, greffiers, avocats;
 Au moins tant qu'ils sommeillent,
 Ils ne nous grugent pas.
Réveillons, etc.

Tel qui nous couvre de boue,
En est à peine sorti;
La Fortune sur sa roue,
Le lève encore endormi.
Craignons que nos jeux n'éveillent,
Les parvenus d'ici-bas;
 Au moins tant qu'ils sommeillent,
 Ils n'éclaboussent pas.
Réveillons, etc.

Maint Zoïle cherche à mordre,
Prévenons son appétit;
Et, bien repu, c'est dans l'ordre,
De la table il passe au lit;
 Craignons alors qu'on n'éveille
 Cet émule de Midas;
 Au moins tant qu'il sommeille,
 Il ne nous juge pas.
Réveillons, etc.

Rêvant à de noires trames,
Après des succès nouveaux,
Maint faiseur de mélodrames
Doit dormir sur des pavots;
Craignons que l'on ne réveille
Cet auteur à grands fracas;
   Au moins tant qu'il sommeille
   Il ne nous endort pas.
Réveillons, etc.

Réveillons l'aimable muse
 Si chère au joyeux Thespis,
 Que sa gaîté nous amuse
 Et ranime nos esprits;
 Dans mon délire j'oublie,
 Qu'on ferait un vain effort
   Pour réveiller Thalie,
   Puisque Molière dort.
Réveillons, etc.

LE VIN.

Air : Il sait tout. (des Joueurs.)

C'est le vin, le vin, le vin,
Qui nous séduit, nous enflamme,
Et la vie est un festin
Dont l'âme·
Est le bon vin.

Qui réunit à la guinguette,
Les hommes de tous les états?
Qui rapatrie à la buvette,
Les plaideurs et les avocats?
Quel est, dans la détresse,
Le plus doux des nectars,
L'ami de la jeunesse,
Et le lait des vieillards?
C'est le vin, etc.

Quand pour un rien on se querelle,

Qui rapproche tous les partis ?
Quand nous tremblons près d'une belle,
Qui sait nous rendre plus hardis ?
 Quand l'age nous épuise,
 Qui redonne l'essor ?
 Quand l'Hymen nous dégrise,
 Qui nous enivre encor ?
C'est le vin, etc.

Qu'est-ce qu'on verse dans son verre,
Pour y puiser la vérité ?
Qu'est-ce qui paie à la barrière,
Un impôt qui m'a bien coûté ?
 Qu'est-ce que l'on déguise,
 Sous des noms différents ?
 Qu'est-ce que l'on baptise,
 Sans témoins ni parents ?
C'est le vin, etc.

~~~~~~

LE GOURMAND.

Air : Du vaudeville de Jean Monet.

Amans de la bonne chère,
Friands de jeunes tendrons,
Faisons bombance à Cythère,
Et l'amour sur des chaudrons ;
  Car Vénus
  Sans Comus,
Loin de ranimer la vie,
Ferait périr d'étisie,
Tous les enfans de Momus.   *(ter.)*

Qu'une table bien servie,
S'élève au sacré vallon ;
Débauchons dans une orgie,
Toutes les sœurs d'Apollon.
  Qu'un flacon
  De Mâcon

Renverse chacune d'elles,
Et l'on verra nos pucelles
Accoucher... d'une chanson.   (*ter.*)

Si Jupin en bœuf se change,
Pour couronner son amour,
Balaine*, pour qu'on le mange,
Fond sur lui comme un vautour;
          Mets sa chair
          Sur le fer
D'un gril rougi par la braise :
Fais un bifteck à l'anglaise
Des cuisses de Jupiter.   (*ter.*)

Contre un bonnet de cuisine,
Amour, troque ton bandeau;
Et de ta flèche badine
Larde-nous un fricandeau.
          Cupidon,
          Marmiton,

---

* Nom du restaurateur du Rocher de Cancale.

Reprends tes droits sur notre âme,
Et que ta divine flamme
Serve à rôtir un dindon.   (*ter.*)

J'ai vu Vénus entourée
Des Jeux, des Plaisirs, des Ris,
Et ma raison égarée.
Suivit ses oiseaux chéris.
   J'ai repris
    Mes esprits;
Et lorsqu'il faut que je dîne,
Je mettrais en crapaudine
Jusqu'aux pigeons de Cypris.   (*ter.*)

Armé d'une lèchefrite,
Je débarque chez Pluton,
Et fais bouillir ma marmite
Sur les feux du Phlégéton.
   J'ai pour rôt
    Un gigot;
Cerbère tourne la broche,
Caron fait tinter la cloche,
Minos écume le pot.   (*ter.*)

CHANSON A BOIRE.

AIR : Mes chers amis.

Nargue de ceux
Qu'un Champagne mousseux
N'invite pas à la folie !
Le verre en main
Buvons jusqu'à demain,
Le vin fait naître la saillie !
Dans le sacré vallon,
Aux genoux d'Apollon,
Je vois la tourbe subalterne,
Je ris de tous ces beaux esprits ;
De Bacchus seul je suis épris,
Et devant lui je me prosterne.

S'il peut saisir
La coupe du plaisir,
L'amant s'enivre avec délice.

Dès le matin
Le jeune sacristain
Se grise en vidant un calice ;
De l'Hippocrène un coup
Étourdit tout-à-coup,
L'on tombe et Pégase détale,
Mais on me ferait boire en vain,
Je sais, en nageant dans le vin,
Conserver la soif de Tantale.

Au fond d'un bois,
Ariane aux abois
Pleure la perte de Thésée ;
Bacchus accourt
Avec toute sa cour,
Soudain la belle est apaisée ;
Le dieu lui fait d'abord,
L'offre d'un rouge bord,
A ses instances elle cède ;
Séduite par ce jus divin,
Bientôt à l'ivresse du vin
L'ivresse de l'amour succède.

Que Cupidon,

Sans carquois ni brandon,
Au milieu des vignes s'élance;
D'un pampre vert
Que son front soit couvert,
Qu'un thyrse lui serve de lance;
Qu'assis sous un berceau,
Son arc fait d'un cerceau,
Et ses flèches de ceps d'automne,
Il ait pour temple un grand cellier,
Pour prêtre un joyeux sommelier,
Pour autel une large tonne.

~~~~~~

RONDE A MANGER.

AIR : Nous n'avons qu'un temps à vivre.

C'EST assez manger pour vivre ;
De précepte il faut changer :
La loi qu'un gourmand doit suivre,
C'est de vivre pour manger.

La Fortune a maint caprice ;
Mais moi je brave le sort ;
Mes trésors sont à l'office ;
Ma panse est mon coffre-fort.
C'est assez manger pour vivre, etc.

Chez Mars comme chez Balaine,
On sent le prix des bons plats,
A Tilsitt la gloire enchaîne
La paix par un beau repas.
C'est assez manger, etc.

Au laurier buvons rasades,
Pour l'olivier retrinquons :
L'un parfume nos salades,
L'autre pare nos jambons.
C'est assez manger, etc.

Que Garnerin l'intrépide
Cherche à maîtriser le vent;
Amis, à son vol rapide
Je préfère un vol-au-vent.
C'est assez manger, etc.

Que Ravel l'incomparable
Nous étonne par des sauts.
J'aime bien mieux sur la table
Voir des sautés de perdreaux.
C'est assez manger, etc.

Que Gall admire le crâne
De plus d'un auteur nouveau;
J'admire un plus bel organe
Dans une tête de veau.
C'est assez manger, etc.

L'encens dont la Renommée

Enivre tant de nigauds,
Peut-il valoir la fumée
Du Champagne et des gigots?
C'est assez manger, etc.

Par la gueule de Cerbère
Puisqu'il nous faut tous passer,
Pour qu'il fasse bonne chère,
Amis, tâchons d'engraisser.
C'est assez manger, etc.

LE NEZ.

(Mot donné.)

Air : Eh ! ma mère, est-c' que j' sais ça.

Ce matin je me renferme,
Et, pour chanter au Caveau,
Le vieux tabac de la ferme
Vient me monter au cerveau.
Cherchant un mot à ma guise,
Et lisant les mots donnés,
Voilà qu'en prenant ma prise,
Je suis tombé sur le nez.

Au printemps quand Flore étale
Ses trésors dans nos bosquets ;
Quand un doux parfum s'exhale
De nos vins et de nos mets ;
Quand, près d'une femme aimable,

Nos désirs sont couronnés,
Jour et nuit, au lit, à table,
Chacun sent le prix du nez.

Sait-on pourquoi chez les femmes
Un long nez séduit toujours?
Un long nez, disent les dames,
Présage de longs amours.
C'est la paix d'un bon ménage,
En serions-nous étonnés?
Grace à ce rare avantage,
On nous mène par le nez.

Jeunesse, amour, beauté, graces,
Esprit, talents et grand bien,
Succès, gloire, honneurs et places,
On ne doit compter sur rien.
Ce bonheur même est un rêve,
Voyez les plus fortunés,
On naît, on croît, on s'élève,
Puis, on se casse le nez.

A la Camuse s'il tarde
De me donner sur le nez,

Qu'elle approche, et la moutarde
Pourra lui monter au nez;
Ici bon vin et poularde
Lui passeront sous le nez,
Et je verrai ma Camarde,
Fuir avec un pied de nez.

~~~~~~

LE POINTU.

Air : Gn'ya que Paris. (Des *Poètes sans Souci.*)

L'un de nous a chanté le rond
Avec sa rondeur ordinaire,
L'autre le court, l'autre le long...
Pour ne pas rester en arrière,
Moi je vais chanter le pointu.
  Turlututu,   *bis.*
  Vive l' pointu.

Ce trait qui laisse dans le cœur
Une blessure trop profonde,
Ce trait d'amour toujours vainqueur,
Qui frappe chacun à la ronde,
Mes amis, n'est-il pas pointu?
  Turlututu,
  Vive l' pointu.

Et cet admirable instrument,

Ce foret qui dans chaque cave
A fait jaillir à tous moments,
Un vin qui fut long-temps esclave,
Mes amis, n'est-il pas pointu?
  Turlututu,
  Vive l' pointu !

Et ce glaive à qui tout héros
Doit et sa gloire et sa puissance,
A qui nous devons le repos,
Et Paris sa magnificence;
Mes amis, n'est-il pas pointu?
  Turlututu,
  Vive l' pointu.

Et ce tourne-broche où toujours
Volailles et dindes farcies
Cuisent pour venir au secours
D'une table des mieux servies,
Mes amis, n'est-il pas pointu?
  Turlututu,
  Vive l' pointu.

Et ce dard hardi qui des dieux

Brave la foudre et la colère,
Qui dérobe le feu des cieux,
Et le porte au sein de la terre,
Mes amis, n'est-il pas pointu?
     Turlututu,
     Vive l' pointu.

Et ce couplet un peu malin,
Qui de bouche en bouche circule,
Dont on sut aiguiser la fin
Pour mieux atteindre un ridicule,
Ne doit-il pas être pointu?
     Turlututu,
     Vive l' pointu.

Et ce Jérôme si plaisant,
Dont la bizarrerie étrange
Dut son attrait le plus piquant
Au masque du joyeux Volange,
Amis, n'était-il pas Pointu?
     Turlututu,
     Vive l' pointu.

Et ce bouillon si réputé

Pour rendre la face fleurie
Et que prescrit la faculté,
En santé comme en maladie,
Mes amis, n'est-il pas pointu ?
    Turlututu,
    Vive l' pointu.

LES BORNES.

Air : Mon père était pot.

Quand on veut traiter un sujet
    J'aime qu'on le connaisse ;
Qu'un gourmand parle de banquet,
    Un amant de tendresse.
      Qu'un nouveau Mondor
      Parle de son or,
    Un mari, de ses cornes ;
      Pour moi qui suis né,
      L'esprit très-borné,
    Je vais chanter les bornes.

Les bornes nuisent fréquemment
    Au fou qui court trop vîte ;
Le sage qui va lentement,
    Détourne et les évite ;
      Riche en phaëton,

Se rit du piéton,
Celui-ci triste et morne
Dit : « Sur ton chemin,
« Puisses-tu, faquin,
« Rencontrer quelque borne ! »

Le temps met un terme aux amours
Ainsi qu'à la folie,
Il met des bornes aux beaux jours
Qui parent notre vie ;
D'en mettre aux plaisirs,
Et même aux désirs,
Plus d'un sage nous corne ;
Mais pour notre honneur,
A la bonne humeur
Ne mettons pas de borne.

Que l'esprit s'échappe en bons mots,
Comme un feu d'artifice,
Et que le Champagne à longs flots
Jusqu'au plafond jaillisse.
Que le dieu du vin
Préside au festin,
Et que la gaîté l'orne ;

Pourtant n'allons pas,
Après le repas,
Crier : A moi la borne.

Pour garder sa propriété,
Chacun place des bornes,
Mais plus d'un voleur effronté
A su franchir les bornes;
Comme maintenant
Le gouvernement
Fait respecter les bornes,
Je suis sans maison,
Mais à ma chanson
Je mets aussi des bornes.

LES TROUS.

Air : Du Vaudeville du Ballet des Pierrots.

Un prélat, qu'à bon droit on vante,
Jadis à la cour d'un grand roi,
Sur une lyre plus savante
A chanté les trous avant moi :
Quoique ce sujet soit immense,
Bernis l'a pris par bien des bouts,
Mais je crois que son Éminence   ⎱
N'a pas épuisé tous les trous.   ⎰ *bis.*

Les trous sont dignes de louange;
On sent leur prix à chaque instant :
Par leur secours on boit, on mange,
On voit, on parle, et l'on entend :
Jolis appas, chansons légères,
Mets succulents, heureux glouglous,
Bruyans plaisirs, tendres mystères,
Tout serait perdu sans les trous.

Les trous doivent plaire à la ronde :
Tel jadis était bas percé,
Qui fut, en perçant dans le monde,
Au faîte des honneurs placé;
Mais de sa rapide fortune
Je suis bien loin d'être jaloux :
Sans les trous qu'il fit à la lune,
Ses habits auraient bien des trous.

Un jour l'ambition m'enflamme,
Je veux parvenir à mon tour;
Arrête donc, me dit ma femme,
On est chez soi mieux qu'à la cour :
De son obscurité profonde
Qui cherche à sortir est bien fou;
Pour être heureux dans ce bas monde,
Mon ami, reste dans ton trou.

Maître Adam, ce roi des bons drilles,
Eut pour Parnasse un cabaret;
Il fit ses joyeuses chevilles,
Armé d'un verre et d'un foret;
Assis sous de fraîches tonnelles,
Buvant jusqu'à son dernier sou,

Il voulut, narguant les pucelles,
Que chaque cheville eût son trou.

Qu'on se distingue ou qu'on s'élève,
Par la fortune ou le talent,
Les honneurs passent comme un rêve;
Le temps frappe faible et puissant;
Et le grand seigneur, et ses pages,
Et l'honnête homme, et le filou,
Et pauvre et riche, et fous et sages,
Vont dormir dans le même trou.

Après tout, vogue la galère!
Moi, loin de me plaindre du sort,
Je veux, sablant Beaune et Madère,
Faire bombance jusqu'au port.
Un jour il faudra jeter l'ancre
Pour aborder je ne sais où....
Je vivrai là-bas comme un cancre;
Je veux boire ici comme un trou.

LA QUEUE.

Air : Du Vaudeville des Visitandines.

De Momus disciples fidèles,
On a tout fait, on a tout dit.
Pour faire des chansons nouvelles,
Il faudrait avoir votre esprit,   (*bis.*)
Mais j'en suis à plus d'une lieue :
On vous a fait le nez, les yeux ;
On vous a fait jusqu'aux cheveux,
Moi je vais vous faire la queue.   (*bis.*)

C'est par les yeux qu'une bergère
Jadis déclarait son ardeur ;
Un aveu fait avec mystère
Présageait de loin le bonheur.   (*bis.*)
C'est par le cœur que l'innocence,
D'amour commençait le roman ;
Mais c'est par la queue à présent,
Que toujours le roman commence.   (*bis.*)

Un vieil avare impitoyable
Dit à sa femme qu'en tous lieux,
Par la queue il tire le diable,
Et qu'il est des plus malheureux.   (*bis.*)
Quoi ! toujours le diable à ta porte !
Lui répond-elle ; va, vaurien,
Puisses-tu le tirer si bien,
Qu'à la fin le diable t'emporte.   (*bis.*)

On parle d'un loup de théâtre,
Qui dévore tous les succès,
Et dont le public idolâtre
Applaudit les moindres essais.   (*bis.*)
Dans Paris et dans la banlieue,
Ses claqueurs le suivent partout,
Et dès que l'on parle du loup,
Aussitôt on en voit la queue.   (*bis.*)

Un fat près de chaque fillette,
Fait nuit et jour le chien couchant,
Et s'en va, la queue en trompette,
Publier maint exploit galant.   (*bis.*)
Mais ce toutou des plus ingambes
A l'oreille basse par fois,

Et, près des plus jolis minois,
File la queue entre les jambes. *(bis.)*

Les premiers enfans d'Épicure
Ont su ravir toutes les fleurs,
Et pour eux l'aimable nature
Semblait varier ses couleurs. *(bis.)*
Si ma chanson est un peu bleue,
Après Panard, après Piron,
Après Favart, après Laujon,
Moi je suis fier d'être à la queue. *(bis.)*

~~~~~~~~~~~~~~~~~~~~~~~~~~~~~~~~~~~~~

ET CÆTERA.

Air ! Le lendemain.

Tous les mois chez Balaine,
Chez nos amis tous les jours,
Chantons à perdre haleine,
Et la treille et les amours;
Mais en parcourant la ville,
Chansonnons par-ci, par-là,
Le fou, le sot, l'imbécille,
Et cætera.

Chansonnons cette prude
Qui sévère en son maintien,
Par ton, par habitude,
En public rougit d'un rien.
Cette beauté si farouche,
Dans son boudoir laissera
Caresser ses mains, sa bouche,
Et cætera.

Chansonnons ce Protée
Qui changeant au moindre mot,
Parle comme un athée,
Ou prêche comme un cagot;
Grâce à sa ruse admirable,
Pour lui mon coquin aura
Le bon Dieu, les saints, le diable,
Et cœtera.

Chansonnons ce poète
Qui très-long-temps au rebut,
Présente sa requête,
Pour s'asseoir à l'Institut;
C'est un auteur très-fertile
Qui de ses vers n'en pilla
Que de trois à quatre mille,
Et cœtera.

Chansonnons sans scandale
Ce fou cherchant à tout prix
Une jeune vestale
Dans les foyers de Paris;
Que de vertus à combattre!
Cette vierge d'opéra

N'a qu'un amant, deux, trois, quatre,
Et cætera.

Chansonnons sans relâche
Ce flatteur, cet intrigant,
Qui se montre ou se cache,
Et tourne selon le vent.
Ce pié-plat vénal et traître,
Aussitôt qu'on le voudra,
Vendra l'esclave, le maître,
Et cætera.

Chansonnons l'homme sobre
Qui blâme nos gais banquets,
Et qui du jus d'octobre
Redoute les doux effets.
Et nous, sablons à plein verre,
Pendant qu'il se morfondra,
Bordeaux, Champagne, Madère,
Et cætera.

LES FORGERONS.

Air : Voici nos bouquets déja prêts.

Tant que nous serons
  Forgerons,
Le jour nous boirons,
Et nous chanterons;
Tant que nous serons
  Forgerons,
La nuit nous rirons
Et nous aimerons.

Vulcain en quittant son usine
Dit à Vénus: Suis mes travaux;
Elle qui se connaît en mine,
Prit Mars pour chauffer ses fourneaux.
  Tant que nous serons, etc.

Coulant une fonte amoureuse,

Mars et Vénus furent surpris;
Vulcain ne trouva qu'une gueuse,
Au lieu de la belle Cypris.

    Tant que nous serons, etc.

Pour ce dieu quelle peine extrême!
Chez Vulcain et chez les Amours,
Amis, il faut couler soi-même,
Afin de couler d'heureux jours.

    Tant que nous serons, etc.

Que jamais le fourneau n'arrête,
Qu'on travaille soir et matin,,
Que la table soit toujours prête
Pour couler la fonte et le vin.

    Tant que nous serons, etc.

D'un avare fuyons la trace,
Traitons nos amis chaque jour;
Soyons ennemis de la crasse,
Comme du faste de la cour.

    Tant que nous serons, etc.

Si nous vivons en sybarites,

Dieu Mars, nous coulons tes boulets;
Comus, nous fondons tes marmites,
Cupidon, nous forgeons tes traits.

Tant que nous serons, etc.

RÉCIT

D'UN COURTIER DE CHANGE.

Air : Nous avons une terrasse.

J'allais
Au palais,
Dans ma course
J'offrais,
Je montrais,
Mes bons et mes
Billets;
Jamais
Je promets
Qu'à la bourse
On n'a fait
Effet
Plus parfait.

Je cours,

Et du cours
Je m'informe;
Je l'apprends,
Je prends,
Pour la forme,
L'avis d'agents
Intelligents;
L'un dit gardez,
L'autre vendez.
J'offre à l'écart,
Vos bons un quart,
Et mon preneur
A de l'honneur;
En un instant,
J'ai du comptant.
De tout côté
Accosté,
Arrêté,
Vers le rentier,
Plus d'un courtier
S'empresse;
Je suis foulé,
Harcelé
Et volé;

Mais par malheur,
Plus d'un voleur
Me presse.
Le receleur
Gagne la porte,
Et crac,
Il emporte
Mon sac.
Le fripon
S'échappe,
Pour qu'on
Le rattrape,
Au secours
Je crie,
Et je cours
Quoiqu'on rie;
En passant
Je touche,
Un passant
Farouche
Qui soudain
Me couche
Sa main
Sur la bouche.

Je ne suis
 Point crâne,
 Je fuis
La chicane,
Redoutant
 Sa canne,
A l'instant
 Je vanne.
 Pendant
Qu'il me lasse,
Du voleur
 La trace,
Par malheur
 S'efface,
Et vos bons
Font faux bonds.

AVIS

D'UN DIRECTEUR DE SPECTACLE.

GRATIS loin de remplir la salle,
D'un public toujours indulgent,
Je préfère encor la cabale,
Quand elle apporte son argent.
A mes dépens que l'on s'égaye,
Je n'en suis point humilié,
J'aime mieux un sifflet qui paye,
Qu'un claqueur qui n'a pas payé.

A MON AMI DÉSAUGIERS,

LE JOUR DE SA FÊTE.

AIR : Des Fleurettes.

D'UN fils de saint Antoine
Célébrons la bonté,
L'embonpoint de chanoine,
L'esprit et la gaîté.
Il faut qu'ici chacun chante,
En fêtant un tel luron,
Ce refrain de son patron,
  Ah! comm' ça tente!

On est las de théâtre,
On est las de plaisirs,
Mais son humeur folâtre
Réveille les désirs.
Et quand la foule inconstante

Sur l'affiche voit son nom,
Auprès du joyeux *Scarron*...
  Ah! comm' ça tente!

On évite, on rejette,
Avec des soins touchans,
Les dîners d'étiquette
Et les festins des grands;
C'est vainement que l'on vante,
L'ordonnance du couvert,
Doit-il chanter au dessert?...
  Ah! comm' ça tente!

Dans son heureux ménage
Chantant, riant toujours,
Il fait en homme sage,
Bon emploi de ses jours.
Et d'une femme charmante
Il sut orner son manoir,
Aussi quand on va le voir...
  Ah! comm' ça tente!

A M. DE PIIS.

Air : Ronde de la Ferme et le Château.

De quoi te plains-tu, cher confrère ?
Dis-moi, que peux-tu regretter ?
Est-ce l'aveugle aventurière
Qui se plaît à nous tourmenter ?   (*bis.*)
Il te reste une autre fortune,
Plus sûre et jamais importune...
 N'as-tu pas la santé,
  La gaîté ?
  Voilà l'apanage
   Du sage.
Les ennuis, les soucis t'ont quitté,
Mais le vrai bonheur t'est resté.

Qu'as-tu perdu qui soit si rare ?
De faux amis, des envieux ?
Si de toi le sort les sépare,

Tu dois en être plus heureux.
Là bas quand chacun se déchire,
A ton aise ici tu peux rire...
    N'as-tu pas la gaîté ? etc.

Pourrais-tu regretter des places,
De faux biens, ou de vains honneurs?
Le fou peut mendier des grâces,
Le fat, marchander des faveurs;
En apprenant à te connaître,
Réjouis-toi de ne rien être...
    N'as-tu pas la santé? etc.

Plains-toi de n'être plus en butte
Aux sottises de maint pamphlet,
D'être étranger à la dispute
Sur la charte, sur le budjet.
Mon cher Piis, dans ta disgrâce,
Que de gens envieraient ta place...
    N'as-tu pas la santé? etc.

Piis, l'automne de ta vie
Vaut les beaux jours de ton été;
Par les Muses et la Folie,

Je te vois toujours escorté.

L'amitié partout t'environne,

Et tu te plains qu'on t'abandonne...

N'as-tu pas la santé,

La gaîté?

Voilà l'apanage

Du sage.

Les ennuis, les soucis t'ont quitté,

Mais le vrai bonheur t'est resté.

~~~~~~

LES INCONVÉNIENTS DU MARIAGE.

Air :

Comm' pêcheux d'la Guernouillère
Moi qui sais l'fin du métier,
L' mariage me semble un' rivière
Où c' que j' craignons de m' noyer.
D'prudence en vain z'on redouble,
Dès qu'on y jette l'ham'çon,
Un chacun pêche dans c' t' eau trouble
Plus d' fretin que d' bon poisson.

Z'en dépit de la consigne
Et du garde marinier,
Suis-j' malheureux à la ligne,
J'donnons un coup d'épervier ;
Mais, dès qu'on s' met en ménage,
Le guignon vous suit partout :
Gn'y a de r'ssource dans l' mariage
Que les filets... de Saint-Cloud.

N'est-il pas vrai qu' chaque fille
Vous a l'z' allur's d'un poisson ?
L'un' frétill' comme un anguille,
L'autr' rougit comme un saumon ;
St' ell' - ci, comme une carpe s' pâme ;
Comme un brochet, c't'aut' gob' tout;
Si bien que s' choisir un' femme
C' n'est qu' faire un' pêche à son goût.

Quand le poisson que j'amorce
N' me paraît ni bon ni beau,
Sans procès et sans divorce
J' le r' jetons bien vite à l'eau.
C' que l'hymen prend dans sa nasse,
Qu'on l' trouve mauvais ou bon,
Quoi qu'on dise ou quoi qu'on fasse ;
Il faut avaler l' goujon.

Quand je m' connaîtrai z'en f'melle
Comme en poisson je m' connais,
Pour la pêch' d'un' demoiselle
Mes outils s'ront bientôt prêts ;
Mais d'amorcer un' fillette,
J' somm' encor tout effrayé :

14

J' craignons d' prendr' pour un' carpette
Un poisson qu'ait d'jà frayé.

Et puis quand un' fille sage
Tomberait dans mes filets,
L'plaisant vivier que l' mariage,
Pour garder d' pareils objets!
Faut z'un' sourc' vive et courante,
Pour mieux les affrioler :
L'hymen n'a qu'une eau dormante
Que chacun aime à troubler.

LE DÉGEL.

Air : C'est aussi comm' ça que pense.
(Club des bonnes gens.)

Tout le monde z'est à la glace,
    Amans et maris,
L'homm' sus l' pavé, l'homme en place,
    Les plus chauds amis.
A la prom'nade, au spectacle,
    C'est un froid mortel ;
Ah ! jarnigoi queu débacle,
    Quand viendra l' dégel ?

Tous tant que j'somm' z'en ménage,
    J'avons des frissons ;
Nos femm' z'ont beau s'mettre en nage,
    J'sommes d'vrais glaçons.
N' pas répondre à d' si bell' flammes,
    C'est par trop cruel ;

Pour le bonheur de nos dames,
　Quand viendra l'dégel ?

G'nia plus d'chaleur en affaire,
　Tout est engourdi ;
C'est l'usur' seul' qui prospère
　Du nord au midi.
Qu'un bon vent brûle et renverse
　Ces fils d'Israël !
Pour rend' la vie au commerce,
　Quand viendra l' dégel ?

C'maudit froid qui nous irrite
　Sert ben les coquins :
Afin d' fair' leux ch'min plus vite ;
　Ils prenn' des patins.
S'ils bâtissent sur la glace
　Plus d'un bel hôtel,
Pour les remettre à leux place,
　Quand viendra l' dégel ?

L' zacteurs, dans les comédies,
　Ont beau r' muer leux bras,
Les vers de nos grands génies

C'est comme du verglas;
Aussi l' froid s'répand sans peine
    Du parterre au ciel.
Pour fond' les frimas de la scène,
    Quand viendra l' dégel?

J' savons ben qu' l'un après l'autre
    Il faut tous dég'ler;
J' f'rons mon paquet comm' vous l' vôtre,
    Et ça sans trembler.
Là bas s'il gnia pour nous cuire
    Un feu z'éternel,
J'y pourrons chanter et dire :
    V' là z'enfin l'dégel.

LES CHALEURS,

ou

COMME ÇA FAIT SUÈR.

Air : Voulez-vous savoir l'histoire ?

Sans r'garder le thermomèt'e
  D' monsieu d'Réaumur,
J' crois qu' les chaleurs vont nous met'e
  Tous au pied du mur.
A c'tems-là quand l' pauvre monde
  N' peut pas s'habituer,
C'est l' cas d'chanter à la ronde :
  Ah ! comm' ça fait suer !   (*bis.*)

J'entends partout le beau sexe
  Dire : Ouf ! qu'il fait chaud !
Dam ! il faut voir comm' ça vexe
  Nos femm' comme il faut !

Elles ont beau changer de place,
　　S'ébattre et se r'muer,
Tous les hommes sont de glace...
　　Ah ! comm' ça fait suer !　　　(*bis*)

Dès qu' j'aperçois un' fille,
　　Je courons après ;
J'l'embrass' quand elle est gentille,
　　Et ça m'rend l'teint frais ;
Mais lorsque c'est notre femme
　　Qui vient nous saluer,
Et nous parler de sa flamme,
　　Ah ! comm' ça fait suer !　　　(*bis.*)

Prop' z'au vaud'vill' comme au drame,
　　Maint poète aujourd'hui
Fait des ouvrag's à la rame
　　Qu'il donne comme d'lui.
Mais souvent ces bons apôtres,
　　Qu'ont l'air d's'exténuer,
N'font jouer qu' les pièces des autres.
　　Ah ! comm' ça fait suer !　　　(*bis.*)

Tel sous l'bras portait l'assiette,

Qui porte un chapiau :
Tel autre qui porte une brette,
   Portait z'un coutiau :
J' vois ces enfans d'bonn' famille
   Dans l' monde affluer ;
Comme un soleil chacun brille
   Ah ! comm' ça fait suer !   *(bis)*

Quand j' chant' malgré ma paresse,
   Les chaleurs qu'il fait,
Je r'sentons ben la séch'resse
   D'un pareil sujet ;
Pour qu'ma chanson soit mieux faite,
   J'ai beau m'évertuer.
J'crains qu'après moi z'on n'répète :
   Ah ! comm' ça fait suer !   *(bis.)*

~~~~~~

BOUTADE DE MANON

CONTRE LES HOMMES.

AIR : Ça n' devait pas finir comm' ça.

Tout homme est changeant comme un chien
Et je crois que l' meilleur n'en vaut rien (*bis.*)

Qui n'a pas connu Laramée ?
Il aurait fait rire une armée ;
C' luron si justement loué
N'est qu'un vieux canon encloué
   Ah ! mon dieu ! (*ter.*) comme
  Le temps change l'homme !
Tout homme, etc.

Z' au Porcherons, z' à la Courtille,
Y f'sait sauter bouchon et fille :
J' l' i donne dans l'œil, v' là mon gaillard

Qui d'vient gai comme un corbillard.
        Ah! mon dieu! (*ter.*) comme
    Le temps change l'homme!
Tout homme, etc.

J' prenons pitié de sa tendresse,
J'l'épous' : dam! faut voir comm' ça baisse.
V'nez donc juger d'l'air du bureau,
C'est vingt degrés au d'sous d'zéro;
        Ah! mon dieu! (*ter.*) comme
    L' mariage change l'homme!
Tout homme, etc.

En r'gardant grossir sa famille,
C' fier gars s'tient coi dans sa coquille;
Z'on croirait que l' pauvre garçon
Vous a les corn's d'un limaçon;
        Ah! mon dieu! (*ter.*) comme
    L' z'enfants changent l'homme!
Tout homme, etc.

L' matin tout blème il gronde, il grogne;
L' soir, quand il s'est rougi la trogne,
Il a les yeux d'un albinos,

Et la douceur d'un mérinos;
  Ah! mon dieu! *(ter.)* comme
 Le vin change l'homme!
Tout homme, etc.

A mon gré j' le r'tourne et le gouverne :
L' malheur veut qu'il gagne un quaterne,
D'orgueil i s' gonfl' comme un ballon;
I d'vient colère comme un dindon ;
  Ah! mon dieu! *(ter.)* comme
 L'argent change l'homme !
Tout homme, etc.

Dans l' grand monde bientôt i' s' lance;
Il obtient des places d'importance ;
Pour la richess' c'est un Phébus,
Et pour l'esprit c'est un Crésus;
  Ah! mon dieu! *(ter.)* comme
 L' z' honneurs changent l'homme!
Tout homme, etc.

Sa fortun' passe comme un rêve;
Mon moribond s'dépite et crêve :
On flanqu' c'grand seigneur sur son dos ,

Entre deux gueux, au champ du r'pos.

Ah ! mon dieu ! *(ter.)* comme

La mort change l'homme !

Tout homme est changeant comme un chien,

Et je crois que l' meilleur n'en vaut rien.

BOUQUET POISSARD A AUGUSTINE.

Air : De Manon Giroux,

C'matin z'au quai d' la Féraille,
    J' vons qu'rir des bouquets,
Et cout' qui cout', vaill' que vaille,
    J' voulons des plus frais.
J' trouvons maint' rose passée,
    Pas-d'ân' z'a foison,
Mais point z'un' seule pensée,
    C'est-y du guignon.

Tout chagrin je m'achemine
    Vers la ru' z'au Fer,
J' disons qu' c'est pour Augustine
    Et qu' rien n' s'ra trop cher.
A c' mot là chaqu' femm' m'arrête
    Et m' saute au collet,
V' là qu' pour mieux chanter ta fête,
    On m' coupe l'chifflet.

15

L'un' m'offre d'la fleur d'orange,
  L'autre du jasmin.
L'un' m'appelle, mon chou, mon ange,
  Et l'autre gamin.
Flair'-moi çà, m'dit chaque poissarde,
  C'n'est pas du fané,
Et j' crois sentir la moutarde
  Qui me monte au né.

Pour m' débarrasser d'leux griffes
  D'un, j'achet' les fleurs,
V'là les autr' qui m' camp'nt vingt giffes,
  J' vois d' tout' les couleurs.
J'ai beau crier à tu' tête,
  J' n'ai pas plus beau jeu.
J' voulais du frais pour ta fête,
  Et j' n'y vois qu' du feu.

Queu scandale! queu bastringue!
  J'étais bon z'à voir,
Avec mon bouquet z'en bringue,
  Mes yeux au beur' noir.
Moi qui comptais si bien rire,
  Boire et folâtrer,

Y m' reste à pein', queu martyre,
    Des yeux pour pleurer.

Après tout c'est bien peu d' chose
    Qu' la pert' de c' bouquet,
Gnia z'à revendr' jasmin et rose
    Dans c' joli corset.
Oui, ça s'rait, j' te l' dis ma chère,
    Et ça sans fadeurs,
Porter d' l'eau z'à la rivière,
    Que t'offrir des fleurs.

FIN.

TABLE.

FIN DE LA TABLE.